SUR LE PROJET

ANNONCÉ,

DE LA PART DU GOUVERNEMENT FRANÇAIS,

DE PAYER

A LA RÉGENCE D'ALGER,

OU A SES SUJETS,

Sept Millions de Francs.

A PARIS,

CHEZ DELAUNAY, LIBRAIRE AU PALAIS-ROYAL,

GALERIES DE BOIS.

1820.

SUR LE PROJET

ANNONCÉ,

DE LA PART DU GOUVERNEMENT FRANÇAIS,

De payer à la RÉGENCE D'ALGER, ou à ses Sujets, une somme de SEPT MILLIONS *de francs.*

————◆————

PLUSIEURS journaux ont annoncé le payement de *sept millions de francs* que le Trésor royal doit faire à la Régence *d'Alger*, ou aux sieurs *Bacri*, juifs et sujets algériens, en vertu d'une décision prise au mois d'août dernier, en exécution d'un traité passé en 1816.

Tous en ont parlé diversement, il est vrai, mais tous ont été surpris de l'existence d'une dette aussi importante, en faveur d'une Puissance *africaine* devenue si justement odieuse à toute l'*Europe*, et dans un temps où l'on venait de représenter la France comme entièrement libérée envers l'étranger, et où elle s'apprêtait à intimer à la Régence l'injonction de mettre un terme à ses pirateries.

Aucun de ces journaux n'a donné sur cette

affaire des explications capables de satisfaire les *Français* qui , animés d'un zèle patriotique, veulent approfondir les causes qui déterminent tout emploi de la fortune de l'Etat.

Nous ne nous flattons pas d'avoir une connaissance parfaite de toutes les circonstances relatives à l'affaire *algérienne* qui fait le sujet de cet écrit , mais nous avons été à même de recueillir beaucoup de faits , et mûs par l'intérêt public autant que par des intérêts privés, nous croyons devoir présenter à ce sujet quelques observations.

Vers la fin de 1794 et en 1795 , les départemens qui forment aujourd'hui l'ancienne *Provence* , éprouvèrent une grande disette de grains.

Divers ports d'Italie , tels que *Gênes* , *Livourne* , etc. , vinrent à leur secours par des importations considérables livrées au commerce.

Les sieurs *Bacri* , juifs *Algériens* , prêtant leur nom au *Dey d'Alger* , en expédièrent pour *Marseille* des quantités considérables , qui furent mises en préhension, et employées au service des armées.

Ces négocians ne furent pas payés de ces fournitures , parce que la France n'avait alors que des *assignats* , tombés dans le dernier discrédit, et que les sieurs *Bacri*, qui, comme d'autres étrangers, auraient pu être payés en assignats *au cours*, n'en voulurent pas, ou ne prirent pas les mesures convenables pour assurer leur payement.

En 1796, lorsque le Directoire exécutif prit les rênes de l'Etat, les sieurs *Bacri* réclamèrent ce payement ; mais ce nouveau Gouvernement, accablé de besoins, embarrassé à pourvoir à ceux du service courant, était bien éloigné de pouvoir satisfaire à des engagemens antérieurs à son existence, et ces *Algériens* ne furent pas payés.

En 1797, un associé des sieurs *Bacri*, ou peut-être un membre de cette famille, se rendit *à Paris*, accompagné de M. Nicolas, de *Marseille*, son conseil (1), pour réclamer en personne son payement.

Mais cette tentative ne fut pas plus heureuse que les précédentes.

Le Gouvernement de ce temps-là venait d'être forcé de provoquer des lois particulières sur la dette publique arriérée ;

------

(1) M. *Nicolas*, qui n'a plus quitté *Paris*, est celui qu'on a vu depuis directeur de la Caisse des Comptes courans, rue de Menars.

(4)

elles établissaient les formes de liquidation des créances, et la nature des payemens.

Ceux-ci devaient être faits en inscriptions de rente sur le grand-livre, à raison de cinq pour cent du capital, réduit au tiers, avec emploi des deux tiers restant en bons admissibles en payement de domaines nationaux, etc

De telles conditions ne pouvaient convenir aux sieurs *Bacri*; ils ne les acceptèrent point, et résolurent d'attendre des circonstances plus favorables.

Il s'en présenta une vers la fin de 1799; ce fut le 18 brumaire an 8 ; les sieurs *Bacri* et les amis qu'ils avaient à Paris, ne la laissèrent pas échapper.

Le citoyen *Charles-Maurice Talleyrand* était alors Ministre des Relations extérieures. Il portait quelqu'intérêt aux sieurs *Bacri*, qui, au fond, étaient victimes des services qu'ils avaient rendus à la France, et il faisait un accueil distingué à leur Agent, M. *Nicolas*, d'ailleurs recommandable par ses qualités personnelles.

Avec d'aussi favorables dispositions, un projet qui devait amener le payement des sieurs *Bacri* fut bientôt formé. Voici quel fut ce projet :

La France avait, en 1789, des comptoirs

sur les côtes d'*Afrique* de la domination d'*Alger*; ils étaient situés à *Bone* et à *la Calle*, et exploités sous le nom de *Concessions d'Afrique*, par une compagnie appelée *Compagnie royale d'Afrique*.

Le privilége exclusif et l'existence de cette Compagnie avaient cessé depuis près de dix ans, tant par les effets de la révolution, que par ceux de la guerre maritime.

On imagina de ressusciter ces *Concessions*, d'en faire valoir l'importance aux yeux du Gouvernement Consulaire, et par ce moyen d'obtenir le payement des sieurs *Bacri*.

Le Premier Consul de la République ne mit peut-être pas beaucoup d'intérêt à recouvrer ces *Concessions*, qui, en effet, ne présentaient plus à la *France* aucun avantage; mais il vit dans ce projet une nouvelle occasion de faire un traité diplomatique, d'être reconnu comme Chef de la *France*, et il autorisa la négociation avec *Alger*.

En conséquence, un traité avec cette Régence de *Barbarie* eut lieu en 1801, et la seule condition qui y fut imposée à la *France*, pour rentrer dans les *Concessions d'Afrique*, fut de payer *ce qu*'elle *devait* aux sieurs *Bacri*.

Mais ce traité demeura sans exécution ; par les motifs suivans :

1°. Les *Concessions* ne pouvaient être exploitées, parce qu'il ne devait plus y avoir en *France*, ni *Compagnie d'Afrique*, ni *privilége exclusif*, comme autrefois.

2°. Les lois existantes avaient fixé un mode de payement pour les dettes antérieures à l'établissement du Gouvernement Consulaire, et ce mode fut refusé par les sieurs *Bacri*, attendu qu'il ne leur offrait qu'un moyen de libération tout-à-fait insuffisant.

Le commerce libre approvisionna nos départemens méridionaux, et ils furent si bien pourvus, sans recourir aux *Concessions*, qu'on ne peut citer, depuis 1801, aucune époque de disette que celle de 1817, causée dans toute la France, par l'intempérie des saisons en 1816.

L'inexécution du traité de 1801, jointe à des débats suscités par le *systême continental*, établi quelques années après, causa une grande irritation à la Cour du *Dey d'Alger*. La *France* y perdit cette haute considération dont elle avait toujours joui. Les traités qui la liaient à la Régence furent violés ; les droits et les prérogatives de son pavillon méconnus ; ses nationaux oppri-

(7)

més, dépouillés et ruinés ; son Consul outragé
et obligé de venir en *France* , pour se sous-
traire à la peine ignominieuse des fers dont
il était menacé.

Les sieurs *Bacri* n'étaient point étrangers
à tant d'excès ; ils n'employaient la haute
influence qu'ils exerçaient sur le *Dey* et autres Chefs de la Régence , que pour exciter
de plus en plus leur courroux contre la
France et les *Français.* On peut assurer que
ceux-ci , en aucun pays , n'eurent jamais
des ennemis et des persécuteurs plus ar-
dens.

Ces Algériens n'étaient pas inspirés par la
seule animosité ; ils l'étaient surtout par
leur cupidité ; car ils recevaient , dans l'occasion , des mains du *Dey* et de la Régence
d'*Alger* , pour leur tenir lieu des sommes
que la *France* leur devait , le produit des
dépouilles enlevées aux armateurs français,
dont les prises étaient amenées dans les
ports de la Régence.

Le Gouvernement Impérial chercha des
moyens d'apaiser cette furie barbaresque ;
il poussa la condescendance au point d'A-
MENDER , pour *Alger,* ce *système continental*
pour lequel il avait tant de prédilection.
Il accorda à la Régence la faveur que ses

sujets auraient dix navires, qui furent désignés, avec lesquels ils pourraient naviguer et commercer, sans encourir les peines prononcées contre les infracteurs de ce système.

Mais les concessions impériales eurent peu d'effet. Les fureurs du *Dey d'Alger* et la cupidité des sieurs *Bacri* reprirent bientôt leur destructive activité aux dépens des malheureux Français qui touchèrent les côtes d'*Alger*, devenues pour eux celles de l'ancienne *Tauride* (1(.

Ce fut en 1811 qu'ils y éprouvèrent le plus d'infortunes, et que les sieurs *Bacri* reçurent les plus importantes de leurs dépouilles.

Le Gouvernement Impérial, irrité enfin de tant d'outrages, voulut user de représailles. Il ordonna de séquestrer à *Marseille*, à *Gênes* et à *Livourne*, toutes les proprié-

---

(1) On sentira la justesse de cette comparaison, quand on verra le tableau effrayant des vexations de toute nature qu'ont éprouvées ces Français. Plusieurs Armateurs s'apprêtent à publier des mémoires sur toutes les circonstances de ces indignes traitemens, et à dévoiler les manœuvres des juifs *Bacri*, qui les ont principalement suscitées.

tés des sieurs *Bacri* et autres *Algériens*, qui pourraient s'y trouver.

Mais cette mesure ne produisit rien, soit qu'en effet on ne trouvât en ces lieux aucune propriété *algérienne* de quelque importance, soit que l'habileté des sieurs *Bacri* fût parvenue à fasciner les yeux des agens du fisc français, et à paralyser leur activité.

Quoiqu'il en soit, le Gouvernement avait sous sa main un moyen très-naturel et très-sûr de venger les *Français* et de punir *Alger*; c'était celui de saisir la créance de ces derniers, reconnue et avouée par le traité de 1801, et de déclarer qu'elle était aujourd'hui destinée à indemniser les Français victimes de l'oppression et de la tyrannie du *Dey* et de la Régence

Pourquoi ne l'employa-t-on pas? Fût-ce par un effet de cette bienveillance qu'on a toujours eue pour les sieurs *Bacri* et pour *Alger*? Fût-ce parce qu'on regardait la créance des sieurs *Bacri* comme éteinte, comme tombée en déchéance, comme non exigible? Cependant elle était notoirement reconnue par le traité de 1801, et cet acte et cette date ne permettaient plus de la considérer comme frappée de prescription.

Pourquoi enfin , si l'on ne saisissait pas leur ancienne créance sur la France , poussa-t-on la condescendance pour ces juifs spoliateurs, jusqu'à ordonner la main-levée du séquestre apposé sur leurs propriétés à *Gênes* , à *Livourne* , etc. ?

Quoi qu'il en soit, la mésintelligence entre la *France* et *Alger* a duré jusqu'à la fin du Gouvernement Impérial.

Depuis 1814 et 1815 , il y a eu des rapprochemens entre les deux Puissances.

Il y avait alors en *France* deux frères , MM. *Deval* , descendans d'une ancienne famille de *Drogmans français* , et Drogmans eux-mêmes en 1789. Opposés aux changemens survenus en *France* , ils quittèrent bientôt le service , et depuis vécurent étrangers aux affaires publiques.

Dès l'aurore de la restauration , MM. *Deval* manifestèrent le désir de reprendre leur ancien service en *Levant* , et ils furent promptement satisfaits.

L'un d'eux fut attaché à l'Ambassade de M. le marquis *de Rivière à Constantinople* , en qualité de premier secrétaire interprète. Il y est mort en 1819 , après avoir commis des erreurs nuisibles à la *France* , et que peut-être on a trop légèrement attribuées à cet Ambassadeur (1).

L'autre obtint la mission d'*Alger*, et y réside en qualité de chargé d'affaires et Consul général du Roi.

C'est lui qui a opéré la réconciliation entre *Alger* et la *France*. Elle n'était pas difficile. Le *Dey* n'avait pas contre le *Roi de France* les griefs qu'il croyait avoir contre l'ancien Gouvernement, et les sieurs *Bacri* y voyaient une nouvelle chance pour parvenir au recouvrement de leur vieille créance.

En effet, un nouveau traité a été fait avec la Régence en 1816.

Le *Dey* d'*Alger* y rend à la France les

____

(1) On félicitait un jour M. *de Villeneuve*, Ambassadeur de *France* à *Constantinople*, de son heureux succès dans la médiation dont il avait été chargé pour la paix de *Belgrade*, en 1738. Il répondit, avec autant de franchise que de modestie : « C'est mon drogman et non moi, qu'il faut féliciter. » En effet, un Ambassadeur qui ne sait que sa langue naturelle, ne peut exercer qu'une bien médiocre influence dans une négociation avec un *Reis - Effendi*, ou tout autre ministre ottoman qui ne sait et ne parle que le turc. Nous croyons que ce drogman était un M. *Deval*, aïeul de MM. *Deval*, dont il est ici question.

anciennes *Concessions* d'Afrique , à la seule condition , dit-on , d'acquitter la créance des sieurs *Bacri*.

Elle est fixée , par une liquidation , à *sept millions de francs*, payables en espèces métalliques.

D'après les souvenirs qui nous restent , il nous semble que cette créance ne montait , il y a vingt-quatre ans, qu'à cinq ou six millions , sur lesquels les sieurs *Bacri* ont reçu plusieurs centaines de milliers de piastres fortes , provenant, d'après les états existans aux Ministères de la Marine et des Affaires étrangères , des spoliations exercées sur les *Français* à *Alger*.

Il est évident que le but de ce traité n'a été que de parvenir au payement de la créance des sieurs *Bacri* , sans qu'on pût y opposer les lois qui régissent en *France* la dette arriérée , et que les *Concessions* qu'on affecte de rendre gratuitement , ne servent là que de palliatif aux *sept millions* de francs qu'elles vont coûter.

Le recouvrement des *Concessions* d'*Afrique* est et sera désormais sans utilité pour la *France*.

Leur exploitation exigerait une nouvelle *Compagnie d'Afrique* , et un nouveau *pri-*

vilége exclusif, ce qui serait incompatible avec nos lois actuelles, et surtout avec celles qui établissent la liberté du commerce.

Nous dirons plus : les *Concessions d'Afrique* ne sont nullement nécessaires à la *France*. Elle peut sans crainte renoncer aux comptoirs de *Bone* et de *la Calle* , et s'affranchir du poids humiliant d'une redevance annuelle envers la Régence d'*Alger*.

Ce fut en 1720 (1) qu'elle accorda, pour la première fois , les *Concessions* dont il s'agit , et qu'une *Compagnie d'Afrique* fut créée à *Marseille* pour les exploiter, avec un *privilége exclusif*.

C'était alors une mode que ces sortes de *Compagnies* et de *priviléges*. On en créait partout, et on ne perdra jamais la mémoire de la *Compagnie du Mississipi*.

Depuis, la raison et les progrès de la science du commerce et de l'économie politique en ont fait justice.

Dès 1770 , la *Compagnie des Indes* et son commerce exclusif furent supprimés.

Mais la *Compagnie d'Afrique* continua

____

(1) Cette citation et toutes celles de cet écrit sont de mémoire.

(14)

d'exister jusques vers 1792. A cette époque, elle cessa ses opérations par l'effet de nos nouvelles lois.

Elle tirait des comptoirs de *Bone* et de *la Calle*, des grains, des laines, de la cire et du miel, etc. etc.

Les départemens méridionaux de la *France* n'ont pas manqué de ces productions, depuis que la *Compagnie d'Afrique* n'existe plus. Le commerce libre les leur a procurées, et s'il ne les a pas trouvées à *Bone* et à *la Calle*, il les a extraites de *Tanger, Tunis*, et autres lieux de l'*Afrique.*

Que l'administration se rassure ; nos départemens du Midi ne peuvent plus éprouver de disette sérieuse ; le commerce libre y pourvoira plus abondamment, que les chétifs comptoirs d'*Afrique*, entretenus à grands frais par *une compagnie.*

De nouvelles ressources, inconnues en 1720, se sont ouvertes pour le midi de la France ; car une grande révolution s'est opérée, depuis vingt-cinq ans, dans le commerce et la navigation de la *Méditerranée.*

Les peuples de l'*Archipel Grec* sont devenus commerçans et navigateurs. Ils ont une marine marchande ; ils colportent aujourd'hui eux-mêmes les produits de leur sol.

Les *Dardanelles* et le *Bosphore* sont ouverts au commerce de la *mer Noire*. La *Porte-Ottomane*, mieux instruite de ses vrais intérêts, a renoncé à son ancienne défiance, et elle laisse aux navigateurs une libre communication entre cette mer et celle de la *Méditerranée*.

Cette révolution, résultat du progrès des lumières chez tous les peuples, et d'une politique plus éclairée de la part des gouvernemens, garantit au midi de la *France*, dans les besoins qu'elle pourrait éprouver, le secours des blés du *Levant*, de la *Crimée*, de la *Pologne*, etc.

L'exemple de 1817 en est la preuve. Ce n'est pas l'*Afrique* et *ses comptoirs* qui ont alimenté la ci-devant *Provence* dans la disette qu'elle éprouva alors par suite de l'intempérie des saisons de 1816. Ses habitans furent nourris par les importations du *Levant* et de la *mer Noire*.

Nous ne nous étonnons pas que M. le Consul de *France* à *Alger* n'ait pas été assez pénétré de ces puissantes considérations. Attaché par ses souvenirs à l'ancien ordre de choses, il a pu croire que la *France* devait recouvrer les *Concessions d'Afrique*, par la seule raison qu'elle les avait en 1789.

Mais comment le Chef du département des Affaires Étrangères, en 1816 et 1817, qui connaissait et connaît si bien la *mer Noire*, la *Crimée*, et leurs ressources pour les cas de disette de nos départemens méridionaux, a-t-il pu adhérer à ce rétablissement des *Concessions d'Afrique*? C'est ce que nous ne saurions expliquer.

Aussi persistons-nous à penser que le dernier traité avec *Alger* a, comme en 1801, pour seul objet, le payement de la créance des sieurs *Bacri*, créance que nous présumons ne pas leur appartenir, au moins en totalité.

Nous pensons en effet que le *Dey* régnant en 1795, avait un gros intérêt dans les expéditions de grains qui furent, à cette époque, faites pour la *France* au nom de la maison *Bacri*.

Celle-ci était alors et n'a jamais cessé d'être en haute faveur auprès de ce *Dey*, qui n'est mort que depuis peu d'années.

Il est connu, notoire, que ce prince prenait part aux entreprises de cette maison. Le trône d'Alger n'est point héréditaire, mais électif. Il est donc tout naturel qu'un

Dey

Dey pense à sa fortune et à celle de sa famille.

La correspondance consulaire fournit des lumières positives sur la réalité de cette liaison commerciale entre le *Dey* et les *Bacri*.

C'est elle qui explique et peut seule expliquer la constance, la persévérance d'*Alger* à exiger que la *France* paye ces derniers ; c'est cette correspondance qui donne la clef des *Concessions* faites gratuitement, *sans autre condition* que ce payement.

Tant d'affection et de zèle pour des individus d'une secte si méprisée chez les Musulmans, ne peuvent avoir leur source que dans l'association dont nous parlons.

On sait d'ailleurs que tous les *Pachas* (et le *Dey d'Alger* est aussi un *Pacha*), font le commerce sous le nom de quelques-uns de leurs sujets affidés.

Il est bien connu qu'on liquide en ce moment, une créance en faveur d'un juif *Tunisien*, nommé *Elias Attel*, qui n'est que le prête-nom de son *Pacha*, *Bey* de *Tunis*. Cette créance provient encore de grains fournis à la *France*, il y a plus de vingt ans.

B

Qui de nous ignore les entreprises commerciales des *Pachas d'Egypte*, de *Saint-Jean-d'Acre*, d'*Janina*, etc. etc. ?

Quelque fondement que puisse avoir notre supposition, il n'en est pas moins vrai qu'il est juste de payer ce qu'on doit à un *Dey* ou à tous autres, n'y eût-il pas de *Concessions* à recevoir.

Le point essentiel est dans la manière de se libérer avec une Puissance étrangère ; c'est là qu'il faut dire : *Est modus in rebus.*

On a, en 1816, affecté de se conformer au traité de 1801, et on ne voit pas qu'il y ait eu nécessité de faire adopter, par *Louis XVIII*, le traité qui avait été fait par et pour *Napoléon.*

On n'a pas d'ailleurs considéré que la position respective de la *France* et d'*Alger*, avait beaucoup changé durant seize années.

En 1801, *Alger* ne devait aucune réparation à la *France*. Tous les torts étaient du côté de celle-ci. Il n'y avait donc pas lieu à compensation dans le traité.

Mais il en était autrement en 1816. Le *Dey* d'*Alger*, sa Régence et les sieurs *Bacri*, nous avaient, comme nous l'avons déjà dit, accablés d'outrages et d'avanies, et le premier devoir des négociateurs était d'en demander et obtenir satisfaction. La réciprocité, en pareil cas, est la base la plus naturelle et la plus équitable d'une négociation. Comment se fait-il donc qu'elle ait été négligée ?

Quoi ! On consent à être juste envers les *Algériens* qui font profession de ne reconnaître que les droits de la force et de la ruse, et on oublie de les soumettre à rendre la même justice aux *Français* qu'ils ont dépouillés, au mépris des droits de leur pavillon et des traités ?

Ce n'est pas ainsi que *Louis XIV* vengeait ses injures et les nôtres.

Ce n'est pas ainsi que de nos jours, l'*Angleterre* a traité avec *Alger*.

D'après ce que nous connaissons du nouveau traité, on n'a rien stipulé en faveur de tant de malheureux *Français* opprimés et ruinés à *Alger*, par l'effet de la cupidité et des intrigues des sieurs *Bacri*. On les a complètement oubliés : on a mis à l'écart leurs justes réclamations pour ne penser qu'à assurer celles de ces *Algériens*.

C'est probablement le premier traité où l'on ait méconnu l'équitable base de la réciprocité.

Cependant le Ministère des Affaires Étrangères avait parfaite connaissance de tous les attentats commis envers nous par *Alger*, depuis le commencement du siècle.

Les détails de ces attentats sont consignés dans la correspondance consulaire déposée dans les bureaux du Ministère.

Nous ne pouvons les connaître parfaitement, mais nous affirmons que les déprédations exercées sur les Français, s'élèvent, encore une fois, à plusieurs centaines de mille piastres fortes qui toutes sont entrées dans les caisses des sieurs *Bacri*, comme à-compte de ce qui leur était dû par la *France* (1).

---

(1) Une pétition sur cette matière a déjà été présentée à la Chambre des Députés, en avril 1819, par M. *Castellini*, de *Bastia*. Outre ce plaignant, nous en connaissons une infinité d'autres, tous *Français*. Les vols qu'*Alger* a faits sur eux s'élèvent à plus de 1,500,000 francs ; et nous ne savons pas tout, bien s'en faut.

Des réclamations ont été portées au Ministère avant et depuis 1814, lorsque S. E. *le Prince de Talleyrand*, auteur du traité de 1801, était revenu au ministère; mais elles ont été vaines : on a épuisé, pour les repousser, toutes les ruses, tous les sophismes que peut fournir la fausse application des principes du droit des gens et de la diplomatie.

Aux uns, on a opposé les lois *Algériennes*. On s'est constitué les défenseurs de ces lois, lorsqu'on devait invoquer l'exécution de nos traités et conventions renouvelés en 1790.

Aux autres, on a objecté qu'ils n'étaient *Français*, comme si les attentats d'*Alger* n'auraient pas été dirigés contre la *France* même, en leurs personnes.

Ces allégations ne sont exactes ni en fait, ni en droit.

Mais pourquoi les auteurs du nouveau traité, si sévères pour leurs compatriotes, leurs nationaux, ne l'ont-ils pas été un peu plus pour les *Algériens* ?

Ne pouvaient-ils pas leur dire : « Le Roi » de *France* ne vous doit rien ; il ne vous a » pas acheté de grains en 1794 et 1795. Ce

» n'est pas à lui que vous les avez fournis, » c'est contre lui. »

Ce langage eût été un peu âpre sans doute; mais il eût eu du moins une apparence de justice et de raison.

On a préféré tout accorder aux *Algériens* avec un empressement, une condescendance qui n'ont fait qu'accroître leur audace.

Aussi, on a vu en 1816, les sieurs *Bacri* venir à *Paris*, même au nom du Roi, munis d'un arrêt surpris à son Conseil d'Etat, enlever au trésor et au sieur *Louis Cardi*, de *Bastia*, une somme de 250 mille fr. (1).

---

(1) Cette odieuse affaire est connue des Ministères de la Marine et des Affaires Etrangères ; elle sera incessamment mise au jour. En voici quelques détails : Le corsaire français, *le Brave*, armé par M. *Cardi*, de *Bastia*, amena en mars 1812, à *Malaga*, un navire, *la Joséphine*, sous pavillon *Algérien*, qui n'était là que pour servir de masque à une expédition *Anglaise*, ennemie. Le 23 décembre de la même année, le Conseil des prises faisant droit aux demandes de M. *Cardi*, après une attente de six mois, pendant lesquels nul capturé ne comparut, condamna la prise et l'adjugea aux capteurs qui ne purent s'en mettre en possession, parce que les troupes Françaises, alors à *Malaga*, l'avaient employée à leurs

Ce trait ne peut étonner que ceux qui ne connaissent ni *Alger*, ni ces juifs *Algériens*, ni leurs intrigues. Le tableau en est tracé

---

besoins ; mais le Gouvernement allait leur en payer le montant. Déjà, à la fin de 1815, il était liquidé pour 250,000 francs, lorsque le Ministre des Affaires Étrangères écrivit à celui de la Guerre de suspendre cette liquidation, et surtout de ne rien donner aux capteurs, attendu que le *Dey d'Alger* réclamait le produit de cette prise.

En effet, les sieurs *Bacri*, encouragés par le Consul de *France* à *Alger*, M. *Deval*, et appuyés par le Ministère des Affaires Étrangères, se présentèrent en 1816, devant le Conseil d'État, pour obtenir la cassation du jugement du 23 décembre 1812.

Des écrits de tout genre, judiciaires et autres, même sans signatures, dans lesquels tous les faits étaient dénaturés et les principes de la matière méconnus, furent imprimés et produits en leur faveur.

Nous soutînmes, dans la forme, que le susdit jugement avait acquis la force de la chose jugée ; au fond, que le navire *la Joséphine* et sa cargaison n'étaient point propriété *Algérienne* ; qu'ils avaient été chargés et expédiés pour compte *Anglais*, ennemi ; et que cela était prouvé jusqu'à l'évidence par les papiers de bord, par les déclarations des hommes de l'équipage dans leur interrogatoire ; et enfin par toutes les circonstances de la prise ; mais nos efforts furent inutiles ; l'ascendant des sieurs *Bacri* l'emporta sur la vérité, la raison, la justice, le respect dû à nos lois

sur toutes les pages de la ;correspondance consulaire.

---

maritimes et l'intérêt que devaient inspirer nos armateurs et marins. Un arrêt rendu le 17 juillet 1816, dépouilla ceux-ci de leur prise pour en investir les Juifs *Algériens* qui se mirent en possession au Trésor de 250,000 francs, non en ces inscriptions de rente qui étaient réservées au paiement des capteurs de *la Joséphine*, mais en belles et bonnes espèces métalliques.

Cependant, le Consul *Anglais* à *Alger* qui, comme nous le soutenions en 1812 et en 1816, était le vrai expéditeur de *la Joséphine*, ignorait ce triomphe ; ses prête-noms *Bacri* gardaient, sans mot dire, les 250 mille francs qui lui appartenaient, puisque l'arrêt prononçait l'invalidité de la prise. Mais instruit de l'événement vers le milieu de l'année 1818, ce Consul leur demanda la restitution des 250,000 fr. ; les sieurs *Bacri* résistèrent. L'*Anglais* recourut à l'autorité du *Dey* qui, en plein divan, en présence de tous les Consuls *européens*, et par conséquent de celui de *France*, ordonna aux *Bacri* de rendre cette somme au Consul *Anglais,* dans vingt-quatre heures, sous les peines les plus graves. Cela est avéré, notoire et public dans Alger.

Le corsaire *le Brave* avait donc capturé un *ennemi*, et la prise lui appartenait bien légitimement.

Cependant, les sieurs *Bacri* sont parvenus à la lui ravir, à l'enlever au Trésor, en surprenant de la ma-

semble qu'un génie tutélaire empêche de la mettre à profit.

Cette correspondance prouve que jamais la *France* et les *Français* n'ont eu d'ennemis et de persécuteurs plus acharnés que les sieurs *Bacri d'Alger*. Ces juifs ne se sont jamais servis de leur extrême influence auprès du *Dey*, que pour leur nuire et les dépouiller (1).

---

nière la plus audacieuse, la religion du Roi et de son Conseil d'Etat. *Ab uno discite omnes.*

(1) En veut-on une preuve ? Nous la puiserons dans la correspondance du Consul de *France* à *Alger*, du mois de février 1812. Elle se rapporte encore au corsaire *le Brave* dont nous venons de parler. Il était, à cette époque, de relâche à *Alger*. Son capitaine, *Dominique Cardi*, eut une altercation avec un Juif *Algérien*. L'autorité du *Dey* s'en mêla, et dirigée par les sieurs *Bacri*, il fut ordonné que ce capitaine serait mis *aux fers*, s'il ne payait 7000 piastres fortes, environ 36,000 francs. Comme le sieur *Cardi* se refusait à ce paiement, les *Algériens* résolurent de lui infliger la peine, le supplice des esclaves, c'est-à-dire, du *poing coupé*. Dans cette extrémité, le Consul de *France* se décida à payer pour cet infortuné la somme demandée. Le Consul, en rendant compte de cette affaire au Ministère, lui signala les *Bacri*, comme *auteurs* et *complices* de cette avanie. Nous réclamâmes en 1812 auprès du Ministère, pour obtenir une réparation au sieur *Cardi*; mais ce fut une peine inutile; le Ministère des Affaires Etrangeres n'a pas même

En raisonnant ainsi sur le nouveau traité avec *Alger*, et sur les *Concessions* obtenues, notre intention n'a pas été de blâmer le Ministère d'avoir reconcilié la *France*, avec cette Régence, d'avoir rétabli les *Concessions d'Afrique*, qui, si elles ne sont pas utiles, ne peuvent du moins nuire, et d'avoir consenti au payement de la créance réclamée par les sieurs *Bacri*, que nous regardons comme appartenant, au moins en partie, à la famille du dernier *Dey*. Nous n'avons voulu que lui reprocher d'avoir, dans le nouveau traité, négligé les intérêts d'un grand nombre de *Français* ; de n'avoir pas obtenu les justes réparations dues pour la violation de nos anciens traités, et les outra-ges faits à notre pavillon et à nos nationaux, et d'avoir méconnu sa propre dignité, en ne stipulant presque que les intérêts *algériens*.

Nous n'avons jamais eu la pensée que la *France* ne dût pas payer les grains qu'*Alger* lui avait fournis en 1794 et 1795. Nous sommes bien loin d'approuver ces lois d'*ar-riéré* et de *déchéances* que nous avons vu se succéder parmi nous depuis vingt-cinq ans,

daigné répondre ; les sieurs *Bacri* sont restés posses-seurs de la dépouille du malheureux *Cardi*.

et qui , si elles n'ont pas été l'effet des circonstances impérieuses , sont au moins des
monumens honteux d'une mauvaise administration.

Ce payement était donc juste dans le temps
où il fut stipulé , et il l'est encore à nos
yeux.

Mais en remplissant nos devoirs envers
les *Algériens* , pourquoi n'a-t-on pas obligé
Alger à remplir les siens envers les *Français* qu'il a outrageusement spoliés.

Tel est le véritable objet de nos récrimi-
nations touchant le nouveau traité avec
Alger.

Elles nous paraissent fondées en équité ,
en droit public , en raison ; enfin , sous tous
les rapports.

Le traité devait réparer les torts respec-
tifs des Puissances contractantes.

De quel œil tant de *Français* ruinés peu-
vent-ils voir les *Algériens* , leurs spoliateurs,
gratifiés aujourd'hui de la somme énorme
de sept millions de francs , tandis qu'ils ne
reçoivent aucun dédommagement ?

Aussi élèvent-ils leurs cris de toutes parts.
Les tribunaux retentiront de leurs plaintes et
griefs. Déjà de nombreuses oppositions sont

mises au Trésor, et le Ministère ne pourrait rien faire de plus équitable et de plus sage, après s'être assuré de la validité de ces oppositions dans les formes légales, que d'en retenir le montant pour en faire la répartition à qui de droit. Ce serait réparer avec autant de noblesse que de justice, les torts du nouveau traité fait avec *Alger* (1).

Paris, ce 4 février 1820.

BOULOUVARD,

Jurisconsulte en Droit maritime, et ancien Chef du Bureau des Consulats, et de Division au Ministère des Relations extérieures,

Rue de la Sourdière, n°. 23.

---

(1) La *Gazette de France*, de ce jour, parle du traité, et d'un *cadeau d'autruches* fait à chacun des *habiles* négociateurs. L'auteur de l'article ne rend pas à la reconnaissance *algérienne* toute la justice qui lui est due. Suivant une lettre qui est en nos mains, ce sentiment se manifesterait avec plus d'éclat à *Alger*, puisqu'on y ferait construire pour le Consulat de *France* une maison de plaisance qui coûtera, dit-on, de 5o à 6o mille piastres fortes.

Imprimerie PORTHMANN, rue Ste.-Anne, n°. 42.